AF589350

Tak, fordi du har fundet
denne fine lille bog.

Det siges, at den længste
rejse i livet, er rejsen
fra hjernen til hjertet.

At lære at finde vej til hjertet
tidligt i livet er en stor gave.

…"Hver morgen tager barnet afsked til far eller mor og det kan være svært at give slip og kaste sig ud i dagens uro, konflikter, følelser og oplevelser af op og nedture. Denne bog et fantastisk redskab, for barnet til at finde ro og overskud i adskillelsen fra mor og far."

***Mette Rytterfeld Pedersen**, Børnehavepædagog*

…"Gennem øvelserne i bogen udvikler forældrene barnets evne til at trøste og berolige sig selv, hvilket er væsentligt i en tid, hvor vi er adskilt mange timer om dagen, og mange børn lever som delebørn, hvor de må undvære far eller mor i længere tid, når de er ved den anden."

***Stine Hæk**, Psykolog, medforfatter af Monstermanualen*

…"Et fantastisk redskab jeg bestemt vil bruge videre i min praksis med børn, der kan have svært ved at falde til ro og også finde roen i familier, der selv kan have svært ved at skabe en tydelig og given kontekst mellem mor, far og barn."

***Marianne Munksgaard**, Familieterapeut*

…"På enkel vis skaber denne bog forbindelser mellem barn og forælder og viser hvordan vi igen og igen kan vende tilbage til vores kærlighed – til os selv, til hinanden og til alle andre, vi vil dele kærligheden med. En fantastisk smuk og samtidig praktisk bog. De varmeste anbefalinger herfra."

***Anne-Marie van de Weerd**, Bibliotekar*

…"Lad os hjælpe vores børn med at finde fred i sig selv og fylde deres hjerter med kærlighed og vi vil opleve rolige og harmoniske børn med godt selvværd som igen påvirker de mennesker, de har omkring sig. Forestil dig, hvad det vil gøre ved de næste generationer!"

***Gerd Stautland**, Lærer, mormor og har oversat bogen til norsk "I hjertet mitt"*

Forældre udtaler om bogen:

…"i går aftes læste vi Børnemeditationerne I mit hjerte. Min store dreng på 7 år faldt fuldstændig til ro og han faldt faktisk i søvn hen ved slutningen af historien. Til morgen aftalte jeg med min mindste dreng på 4 år, at vi til frokost skulle sende hinanden kærlighed til vores hjerter. Jeg er vild med bogen."

…"Fik læst den første meditation for min dreng på fire. Han havde svært ved at holde øjnene lukkede og smilede stort hver gang jeg kiggede på ham. Da den var slut, og jeg sagde: "Kan du nu sove godt mit smukkeste og allerdejligste barn," sagde han: "Tak mor" og puttede sig smilende til ro."

…"Jeg bruger meditationerne I mit hjerte til min følsomme datter med tankemylder ved sengetid. De er fantastiske og gør så meget godt for hende. Hun er skilsmissebarn, så hun bruger øvelserne, når vi ikke er sammen og hun savner mig. "I mit hjerte" får min varmeste anbefaling."

…"Jeg elsker historierne, og det gør min datter også … Hun er knap 6 år og er blevet bedre til at sætte ord på afsavn og kærlighed. Bliver selv meget rørt af historierne, fantastisk skrevet."

…"Det er en fantastisk bog. Læser den næsten hver aften for min dreng på 9 år. Han beder selv om, at jeg læser den for ham."

…"Jeg har en søn, der ind i mellem lider af angst. Meditationerne er guld værd, når der skal ro på til sengetid! …Selv min søn på 14, spørger engang imellem om jeg ikke har lyst til at læse den igen for ham."

"Min dreng elsker denne bog. Han er 10 år og har ADHD. Kan varmt anbefales."

Til

Fra

Børnemeditationerne

I mit hjerte

Forfatter Gitte Winter Graugaard
Illustrator Elsie Ralston

Forlaget Room for Reflection

Tak til

Sofie Halkjær for inspiration til hjertemeditation,
Elsie Ralston for de fantastiske illustrationer,
Tine Wammen og Katrine Høyer for layout.

En stor tak til mine dejlige børn for at gå forrest
ind i dette skønne univers med så åbent et sind
og vise mig nye veje til hjerteland.

Børnemeditationerne I mit hjerte

Forfatter: Gitte Winter Graugaard
Illustrationer: Elsie Ralston
Layout: Tine Wammen, Katrine Høyer

6. udgave, 1. oplag 2021
ISBN: 978-87-93210-74-5 (Hardcover)
ISBN: 978-87-93210-73-8 (Paperback)

Forlaget Room for Reflection
www.imithjerte.dk
www.gittewintergraugaard.dk

Jeg fylder mit hjerte med
kærlighed
Fra mit hjerte sender jeg
kærlighed
I min sky henter jeg
kærlighed
Med universet deler jeg
kærlighed

Indhold

Introduktion

Kære forælder

Hjerteligt tillykke med den kærlige rejse, du nu begiver dig ud på sammen med dit barn.

Børnemeditation er skønt for både dit og dit barns sind. Du kan betragte meditationerne som små historier om kærlighed, som dit barn tager endnu mere ind ved at lukke sine øjne og mærke efter i sin krop, mens han eller hun lytter til din smukke, velkendte stemme.

I får nu en kærlig og rolig stund sammen, som er uvurderlig i en travl hverdag. For et øjeblik skruer I sammen ned for den strøm af stimuli, som konstant omgiver jeres familie.

Det siges, at et moderne menneske i dag får lige så mange indtryk på én dag, som vores bedsteforældre for 100 år siden fik på et helt år. Vi kan ikke stoppe stimuli omkring vores børn, men vi kan lære dem, hvordan de navigerer i dem, og hvordan de finder ro, balance og vigtigst af alt livsglæde.

Med børnemeditation lærer du dit barn at gå ind i sig selv og mærke efter i krop, sind og hjerte. Set i lyset af statistikker over stressede unge mennesker i dag vil denne øvelse være en uvurderlig læring for dit barn fremover i livet. Ved også at lære dit barn at mærke efter i hjertet og dele sin kærlighed hjælper du dit barns fornemmelse af selvkærlighed og samhørighed på vej.

Lad mig her fra starten slå helt fast, at jeg ikke er et sekund i tvivl om, at jeres kærlighed i din familie er helt vidunderlig, stor og unik. Disse meditationer handler ikke om kunsten at elske – det kan I allerede.

Børnemeditationerne I mit hjerte hjælper jer som familie til at:

- Tale mere om kærligheden
- Blive endnu mere bevidste om jeres kærlighed
- Skrue op for kærligheden.

Som forælder laver du en guidet visualisering med dit barn. Fordi dit barn ligger helt roligt og har lukkede øjne, kan du nå dybere ind.

Således har jeg hørt fra mødre, der elsker at læse dem for børn helt fra fødslen – sågar i fødselsforberedelse – til 20 årige voksne børn, der elsker at høre dem. Fra ca. 3 år vil dit barn kunne forstå begreberne som bjerget, skyen og hjertet og vil begynde at kunne sætte ord på sine oplevelser med bogen.

Lær af dit barn

På denne rejse ind i "hjerteland" kan du lære meget af dit barn. Måske er du som mange andre forældre i vores generation også et "hjernemenneske", som brænder efter at mærke mere efter i dit eget hjerte – at komme tættere på dit "hjerteland".

Børn er på mange måder bedre til at forbinde sig til hjertet, end vi voksne er. Jeg får mange dejlige tilbagemeldinger fra forældre, der fortæller, hvor imponerede de er over, at deres børn går til Børnemeditationerne I mit hjerte med så stor naturlighed og har så let ved at komme ned i deres hjerter.

Børnene er født i "hjerteland" og har en særlig kærlighedsgave at lære os forældre. Der opstår noget særligt mellem jer, når I begynder at lave hjertemeditation sammen. Jeg skriver bevidst "sammen", for rummet bliver endnu mere fyldt af kærlighed, hvis du også selv finder ind i dit hjerte og selv laver øvelserne på samme tid.

Forlad for en stund hjerneland, og mød dit barn i det smukke hjerteland. I særlige stunder med hjertemeditation med dit barn kan du opleve den helt fine klangfølelse af ubetinget, uendelig kærlighed, som du kender fra de allerførste uger af dit spæde barns liv, hvor tiden for en stund stod helt stille.

Børn vil så gerne være, hvor vi forældre er. Det er så smukt, når vi for en stund lader hjerneland være hjerneland og i stedet mødes i hjerteland.

Skru op for kærligheden

Der findes mange rigtig fine indspillede børnemeditationer, som dit barn med fordel også kan lytte til. I denne bog er kærligheden mellem dig og dit barn omdrejningspunktet, og derfor er de ikke indtalt på lydfil. Din stemme og dit nærvær har en stor betydning for dit barns oplevelse af meditation. Jo mere kærlighed du selv skruer op for, jo lettere er det for dit barn at finde ind i din og sin egen kærlighed. Din kærlighed kommer med en stor portion kærlig energi, som dit barn elsker at mærke.

I vores nordiske kultur og vores danske sprog kan de helt store kærlighedsord være fremmede for os – modsat andre kulturer. Gennem børnemeditation får du som forælder et kærlighedssprog med symboler. Din kærlighed er den samme som før, men nu får du flere udtryksmuligheder. At udtrykke vores kærlighed fører ofte til forløsning.

Mærk efter, hvor mange kærlighedsord og hvor store ord du kan rumme, og læg mærke til dit barns reaktion. Leg lidt med dine kærlighedsord, og tilpas endelig historien til dit barn, så meget som du har lyst til. Måske har I allerede andre symboler for jeres kærlighed. Tag dem endelig med ind i meditationerne. Omtal gerne de symboler, I allerede kender. Måske har dit barn brug for, at du taler særligt om en følelse eller en tanke. Justér historierne, så de passer bedst til jer.

Lad dit lille barn invitere dig med til hjerteland

Når I begge er klar, kan I skrue op for kærlighedskanalen sammen. Bliv ikke overrasket, hvis dit barn begynder at bruge dine kærlighedsord eller er klar til at skrue op før dig. Vær opmærksom på dit barn, nyd, at han eller hun er så tæt på sit hjerteland. Sug til dig af den visdom om den rene kærlighed, som dit barn er kommet til dig med som en gave i livet.

Når dit barn lukker øjnene og lytter til din trygge stemme, er alle sluser åbne, og du har mulighed for at fortælle dit barn dine dyrebareste kærlighedshistorier. Gennem børnemeditationerne kan du således overføre en kæmpe portion kærlighed. Falder dit barn i søvn undervejs, skal du endelig blive ved. Underbevidstheden lytter stadig, selv om han eller hun er på vej ind i søvnen. Send din guldklump til drømmeland på en stille vind i natten, svævende på ryggen af alle de fineste kærlighedsord du kender.

Fald i søvn med hjertet fuldt af kærlighed

Min egen erfaring er, at Børnemeditationerne I mit hjerte får børn til at falde hurtigere i søvn. Har dit barn mange tanker og svært ved at slippe dagens oplevelser, kan børnemeditation være en hjælp.

Når dit barn flytter fokus fra alle tankerne og ikke skal forholde sig til en hel masse andet end de billeder, der opstår i fantasien, får han eller hun en dejlig ro i hjernen, som gør det nemmere at falde i søvn.

Det betyder også, at du kan hjælpe dit barn med at falde i søvn under særlige omstændigheder. Hvis barnet har svært ved at falde i søvn, når I er hos venner eller familie, I skal køre langt i bil eller flyve langt, hvis der er larm, hvor det skal sove, eller hvis I er på ferie osv.

Sådan gør I:

Inden du introducerer meditationerne for dit barn, vil jeg anbefale dig at læse dem igennem en gang eller to. Du finder nogle blanke felter ____________________ undervejs, hvor du kan indsætte dit barns navn.

Har du flere børn, anbefaler jeg, at du starter med et barn ad gangen. Prøv at lægge mærke til, om du bruger forskellige ord til dine børn. Læg mærke til, om du har en fornemmelse af, hvad det ene barn har brug for, at du siger, og hvad det andet barn har brug for. Reflekter lidt over, hvad der er forskellen, og hvad det betyder for din relation til det ene og det andet barn. Kan du skrue mere op i et felt i forhold til det ene eller det andet barn?

Har du lyst til at lave meditationerne med flere børn på samme tid, siger du bare flere navne og tiltaler børnene i flertal.

Undervejs møder du også dette tegn: ♡ ♡ ♡

Tegnet er en opfordring til at holde en lille pause, så dit barn har tid til fordybelse.

De første gange, du læser historierne højt, kan det være, at du holder dig helt til historierne. Får du lyst til at ændre noget, skal du blot følge din intuition og ændre på ord og mening. Lyt til dig selv og mærk, hvad der føles rart for dig.

Find ro i dig selv, og vælg en stund til meditationen, hvor du kan mærke, at du selv er nærværende og rolig. Ofte er puttetid en god anledning til børnemeditation, både midt på dagen og om aftenen. Børn falder ofte i søvn undervejs, og det er helt fint.

Tving ikke dit barn til meditation – så har det nemlig ingen effekt. Men se, om du kan finde en vej, så dit barn har lyst.

Lad dit barn ligge på et blødt leje med et tæppe eller en dyne over sig. Forklar dit barn, at du vil fortælle ham eller hende en helt særlig historie, som er fuld af kærlighed. Forklar, at du fortæller denne historie, fordi du inderligt ønsker, at dit barn skal vide, hvor højt du elsker ham eller hende.

Sæt dig godt tilrette, og nyd en kærlig, ærlig og nær stund med dit barn. Tag selv dybe vejrtrækninger, inden du begynder. Mærk roen sænke sig. Luk også selv øjnene, træk vejret dybt, og find ind i dig selv. Dit barn vil tydeligt kunne mærke din ro.

Læs langsomt, og hold pauser. Lad billederne vokse stille og roligt hos dit barn.

Hvis du oplever, at dine børn efterspørger meditationerne mere og mere, vil jeg varmt anbefale dig at tage dig tiden til dem. De ti minutters intens kærlighed, som meditationerne tilbyder, er guld værd for jer begge. Så lad madpakker, arbejde eller vasketøjet ligge, og tag med dit barn til hjerteland.

Herefter følger fire meditationer med en særlig lille indledning hver og hver med et par opfordringer til eftertanke og refleksion. Jeg anbefaler, at I laver dem i kronologisk rækkefølge og gerne med lidt tid imellem. Gennem repetition lærer dit barn de enkelte trin at kende og får bedre forudsætninger for at fortsætte.

Rigtig god fornøjelse.

Her begynder rejsen
til hjerteland.

Lad os meditere.

Lad os lære at finde
vejen til vores hjerter
og fylde dem op med
kærlighed.

Er du klar?

Jeg fylder mit hjerte med

kærlighed

Første børnemeditation
i serien I mit hjerte

Særligt til børnemeditationen "Jeg fylder mit hjerte med kærlighed"

I den første meditation guider du dit barn ned i hjertet og lærer at fylde det med kærlighed. Denne meditation er fundamentet for de andre meditationer i serien og opbygger et helt særligt grundlag for dit barns følelse af selvkærlighed og selvværd.

Da jeg startede med at udbrede meditationerne i denne bog, var det for at lære børn at fylde deres hjerter med kærlighed. Jeg ønskede, at de skulle have den gave med i livet altid at vide, hvordan de finder ned i hjertet og lærer at fylde sig selv op med kærlighed. At have haft en dyb kontakt til mit eget hjerte gennem hele mit liv har været og er en kæmpe gave. Har man det, kommer man til at kunne meget i livet.

Undervejs, da mine børn var små, lærte jeg så, at porten til drømmeland er i hjertet. Det er meget nemmere for os at falde i søvn, når vi slipper tankerne og mærker hjertet i stedet. Mange børn i dag har problemer med at sove.

Derfor kan denne meditation og de næste være gavnlige for dit barns sundhed og trivsel, hvis de medfører, at barnet sover mere. Søvn har en enorm betydning for dit barn og bør tages alvorligt.

Lån dit barn din ro og dit nærvær og mærk selv efter i dit eget hjerte undervejs. Det føles for mig som at åbne et rum foran min krop i min hjerteenergi, som mit barn kan finde ro, kærlighed og tryghed i. I den energi falder barnets nervesystem til ro, og det bliver nemt og rart at falde i søvn.

Men nu ikke mere skriveri her – for kærlighedsbjergene kalder på jer. Kan du høre dem? Det er dit hjerte, der hvisker til dig. Det fortæller dig, at du og dit barn er født som lys og kærlighed.

Rigtig god fornøjelse.

Jeg fylder mit hjerte med kærlighed

I dag skal vi på en rejse sammen, du og jeg. Jeg har glædet mig meget til dette eventyr sammen med dig. Du kommer med på rejsen sammen med mig, når du lytter til mine ord og skaber billeder for dig selv i din fantasi. Du behøver ikke fortælle mig om billederne. De er helt dine egne. Men har du lyst, kan vi tale om dem senere. For nu skal du bare lytte.

Læg dig trygt på puden, og luk dine dejlige, smukke øjne.
Nu begynder en vidunderlig rejse ind i dit hjerte – der, hvor kærligheden bor. Træk vejret helt roligt og langt ned i maven.

♡♡♡ *(pause)*

Hvis du lægger din hånd på maven, kan du mærke, at maven hæver og sænker sig i takt med dit åndedræt. Bare træk vejret helt roligt og langt ned i maven.

Måske kan du mærke, at du kan trække vejret dybere ned i maven for hvert åndedrag.

♡♡♡

Når du skal finde ro indeni dig selv, kan du ride på ryggen af dit åndedræt. Forestil dig at du kan svæve med luften ned i din krop. Jo langsommere og dybere dit åndedræt er, jo mere ro kan du finde.

Nu begynder historien. Det er en skøn sommerdag. Forestil dig, at du går på en smuk grøn eng med de fineste blomster i alle de farver, du bedst kan lide. Ja! Se, der er en fin blomst lige der, som er præcis, som du bedst kan lide den. Så fin den er, din blomst.

Græsset er vidunderligt blødt under dine bare tæer.

Solen varmer din krop, og du mærker en dejlig brise i ansigtet.

Brug blot lidt tid på at kigge dig omkring, mens du trækker vejret langt ned i maven.

Se! Deroppe i træet sidder en lille, rød fugl og pipper. Og der flyver en lilla sommerfugl og spreder et kærligt budskab i landskabet fra blomst til blomst. Ja, måske fortæller den lige nu, at du er kommet. Jeg tror, den siger: "Se, skønne blomst, ________________ er kommet for at besøge os. Er det ikke dejligt?"

En lille brumbasse med fine striber og papirtynde vinger summer rundt om en busk med smukke, hjerteformede blade. Du plukker et lille blad og snuser til det. Det dufter sødt af rosenduft.

Forude ser du nu et højt, smukt bjerg. Du får lyst til at gå derhen. Forsigtigt sætter du det ene ben foran det andet og tager et lille skridt på din vej.

Græsset er så fint og blødt under dine bare tæer, og du lærer hurtigt, at også her i dette kærlighedsunivers kan du løbe, hoppe og danse – præcis som du plejer.

Bjerget kalder sagte på dig, og du går tættere på. Da ser du et fint, lille, hvidt stakit med en smuk låge. Du får lyst til at åbne den, og da du tager fat i lågen, kan du høre, at den hvisker til dig. Den siger: "Velkommen indenfor, søde ______________________ .
Vi har glædet os sådan til at se dig. Gå du blot ind. Her er dejligt at være."

Bliv bare ved med at trække vejret langt ned i maven. Så går vi lidt tættere på bjerget.

Bag det lille stakit ser du en lille sti dækket af små, varme, hvide sten, som glimter så fint i solen. Du kigger dig omkring og nyder alt det fine, du kan se.

Da du går lidt videre, kommer du helt tæt på bjerget. Og nu ser du, at der er en stor port i bjerget. "Porten til ________________ s dejlige hjerte" står der på et lille skilt.

Du tager fat i porten, og selv om den er stor og tung, kan du sagtens åbne den. For den vil rigtig gerne åbne sig for dig. "Hej med dig," siger den til dig, da du går indenfor og kigger dig omkring.

♡ ♡ ♡

Herinde i bjerget bor dit dejlige hjerte. Et hjerte, som vil dig alt det bedste i hele verden. Et hjerte, som hvisker til dig, hvad du skal gøre, når du er i tvivl, hvis blot du lytter til det. Et hjerte, som elsker dig utroligt højt. Et hjerte, som du har med dig overalt, hvor du går, og som er så fuldt af kærlighed.

Læg nu hånden på dit hjerte, så kan vi fortsætte. Træk vejret dybt.

♡ ♡ ♡

Nu ser du dit smukke hjerte, der bor så fint inde i bjerget. Hvad ser du? Hvordan ser dit hjerte ud i dag?

Hvordan har dit hjerte haft det i dag? Har det haft det godt? Har det været ked af det? Har det været sur? Har det hygget sig?

Er dit hjerte lille eller stort i dag?

Hvilke farver har det?

Er det koldt eller varmt i dag?

Er der andre ting, du har lyst til at undersøge i dit hjerte, så gør det nu.

Uanset hvordan din dag har været, og uanset hvordan dit hjerte har det lige nu, kan du altid fylde det helt op med kærlighed. Min kærlighed til dig er enorm, og hver eneste dag sender jeg en masse kærlighed til dig, både når vi er sammen, og når vi er hver for sig. Den kærlighed kan du fylde i dit hjerte, og præcis på samme måde kan du selv fylde dit hjerte op med kærlighed. For med selvkærlighed kan vi leve et dejligt liv. Hvis vi elsker os selv, kan vi udleve vores drømme.

Det er nu tid til at finde din ‘skru op knap’ i dit hjerte. Kan du se en lille knap lige midt i hjertet? Ja, lige der midt i hjertet.

Skru nu op for knappen, og send kærlighed, lys, varme og glæde ud i dit hjerte. Bare skru op, og fyld dit dejlige hjerte med kærlighed.

Kan du finde knappen? Nu drejer du på den og fylder dit hjerte med kærlighed.

♡ ♡ ♡

Bliv bare ved lidt endnu. Og lidt mere. Og lidt mere endnu.

Fyld dit hjerte helt op med kærlighed.

♡ ♡ ♡

Mærk, hvordan varmen fra din kærlighed lige så stille spreder sig i din krop. Mærk, hvor dejligt det er at fylde sit hjerte med kærlighed. Måske har din kærlighed en særlig farve, måske spreder den sig hurtigt, måske lige så stille.

Mærk efter, om dit hjerte kunne trænge til lidt mere kærlighed, og fyld så mere op.

Lad nu kærligheden sive lige så stille fra dit hjerte:

– ud i dine arme
– op i dit hoved
– ned i maven om til ryggen
– ned i benene
– knæene
– fødderne
– og helt ud i din lilletå.

Mærk, hvordan dit smukke hjerte kan fylde hele din krop med kærlighed.

Du kan fylde din krop med så meget kærlighed, at det føles, som om kærligheden når længere ud end din krop. Det er din smukke kærlighedsenergi, der nu spreder sig til alle de mennesker og dyr, der er så heldige at være tæt på dig. Så heldig er jeg at være tæt på dig lige nu. Den kraft, der er i dit hjerte, er som den vildeste magi. Med den kraft kan du trylle tårer til smil, få mørke skyer til at forsvinde og varme kolde hjerter. Pas godt på din magiske kærlighedskraft.

Mærk, hvor højt elsket du er af os, der er helt tæt på dig, og også af dig selv. Mærk, hvor dejligt det er at fylde sit eget hjerte med kærlighed.

Afslutning – vælg den, der passer

Dagtimer: Nu er du lige så stille klar til at komme tilbage til værelset eller stuen. Når du er klar, åbner du dine øjne, og du vågner stille op med hjertet fuldt af kærlighed.

Puttetid: Nu er du klar til at sove med dit dejlige hjerte fuldt af kærlighed. Du kan nu trygt gå til drømmeland med hjertet fuldt af kærlighed. Sov godt, min lille skat.

Refleksioner efter meditationen "Jeg fylder mit hjerte med kærlighed"

Sover dit barn, kan du med fordel blive liggende eller siddende lidt endnu.

Læg mærke til, hvordan du selv har det lige nu. Lyt til alle de tanker, der myldrer frem. Mærk ind i dine følelser i kroppen.

Måske har du fyldt dit hjerte med kærlighed sammen med dit barn. Måske har du nu fået lyst til at fylde dit eget hjerte med kærlighed. Måske trænger dit hjerte også til en opfyldning efter dagens strabadser. Måske trænger også du til at forlade hjerneland for en stund og besøge hjerteland.

Gå stille over engen og ind i dit bjerg, og fyld nu dit hjerte op med kærlighed. Brug lidt tid på at mærke efter, om du ofte nok fylder dit hjerte med kærlighed, eller om du måske glemmer dig selv og kun fylder din familie med kærlighed.

Gentag meditationen om et par dage med dit barn, når du har ro. Læg mærke til, om dit barn allerede har en anden indstilling til at skulle meditere. Måske spørger dit barn selv, om du ikke nok vil læse historien om hjertet igen.

I den kommende tid kan du lægge mærke til, om du har en fornemmelse af at have åbnet en kærlighedskanal mellem dig og dit barn. Hvordan føles det at sige alle de kærlige ord til dit barn? Hvordan reagerer dit barn på de kærlige ord?

For nogle forældre kan det føles enormt befriende at sætte ord på deres store kærlighed til deres barn, hos andre kan det være lidt skræmmende. Det hænger tæt sammen med, hvilke ord du selv hørte, da du var lille. Uanset din egen opvækst kan du i dag vælge, hvilke ord du vil sende gennem din kærlighedskanal til dit barn. Og måske vil de samme ord gå igen, når dit barn om mange år åbner en kærlighedskanal til sit barn.

Hjemme hos os har vi lavet en lille sang, som vi af og til synger. Den synges på en simpel, lille tilfældig melodi blot ved at gentage:

"Jeg fylder mit hjerte med kærlighed
Jeg fylder mit hjerte med kærlighed
Jeg fylder mit hjerte med kærlighed
Jeg fylder mit hjerte med kærlighed."

Vi synger den, når vi kan mærke, at én af os har brug for kærlighed. Det kan være på vej til skole eller i børnehave, efter en diskussion, eller når nogen er ked af det. Og fordi børnene har lavet denne meditation fast gennem flere år, ved de lige præcis, hvad de skal gøre, når de hører sangen. Dermed bliver meditationen tilgængelig til hver en tid.

Nu skal vi prøve at
sende kærlighed
til hinanden.

Lyder det ikke dejligt?

Fra mit hjerte sender jeg

kærlighed

Anden børnemeditation i serien I mit hjerte

Særligt til børnemeditationen "Fra mit hjerte sender jeg kærlighed"

I børnemeditationen "Jeg fylder mit hjerte med kærlighed" lærte du dit barn at fylde sit hjerte med kærlighed. I denne meditation lærer du dit barn at sende og modtage kærlighed til og fra andre i sit hjerte.

Ved at lære at sende og modtage kærlighed fra og i sit hjerte over afstand får dit barn en fornemmelse af at være omgivet af kærlighed og være elsket, også selv om I ikke er sammen. Både i en travl hverdag og i kortere eller længere perioder, hvor I er adskilt.

Til denne meditation anbefaler jeg, at du i starten lægger dig ned med dit barn i sengen eller på sofaen. Læg jer overfor hinanden på siden med ansigterne mod hinanden.

Fra mit hjerte sender jeg kærlighed

I dag skal vi lære at sende og modtage kærlighed. Vi kan sende kærlighed til dem, vi elsker, også når vi ikke kan være sammen. Og på samme måde kan vi få kærlighed fra dem, vi savner, lige ind i vores hjerter.

Luk nu dine øjne, og træk vejret dybt ned i maven. Brug lidt tid på at mærke roen sænke sig.

Træk vejret.

♡ ♡ ♡ *(pause)*

Rid på ryggen af dine vejrtrækninger helt ind i dit hjertes smukke rum. Bliv ved lidt endnu. Dybe lange vejrtrækninger. Prøv, om du kan få luften længere ned i maven for hver gang, du trækker vejret. Bliv ved lidt endnu.

♡ ♡ ♡

Du står nu igen foran det lille, fine, hvide stakit, som du kender, fra da vi lærte at fylde vores hjerter med kærlighed. Brug lidt tid på at se det hele for dig igen. Se farverne blive levende.

Det er sommer og dejligt varmt. Du har bare tæer i græsset. Nu ser du igen bjerget i det fjerne, og du ved, at inde i det fine bjerg bor dit smukke hjerte.

Nu er du nået helt hen til bjerget. Du finder hurtigt porten, hvor der står: "Porten til ____________________ s dejlige hjerte".

Som altid går porten let op. For den vil rigtig gerne åbne sig for dig. "Hej med dig," siger den til dig, da du går indenfor og kigger dig omkring. "Velkommen i dit hjerterum, søde ____________________ ."

Herinde i bjerget bor dit dejlige hjerte. Et hjerte, som vil dig alt det bedste i hele verden. Et hjerte, som hvisker til dig, hvad du skal gøre, når du er i tvivl, hvis blot du lytter til det.

Læg nu hånden på dit hjerte, så kan vi fortsætte. Du ved nu, hvad vi skal. Vi skal finde ud af, hvordan dit hjerte har det, og så skal vi fylde det med kærlighed.

Så kig nu lidt på dit hjerte. Hvad ser du? Hvordan ser dit hjerte ud i dag?

Hvordan har dit hjerte haft det i dag? Har det haft det godt? Har det været ked af det? Har det været surt? Har det hygget sig?

Er det lille eller stort i dag?

Hvilke farver har det?

Er det koldt eller varmt?

Er der andre ting, du har lyst til at undersøge i dit hjerte, så gør det nu.

Uanset hvordan dit hjerte har det lige nu, og uanset hvordan det ser ud, vil vi nu fylde det helt op med kærlighed. Så find den lille knap i dit hjerte, skru op, og fyld dit hjerte med kærlighed.

Bliv bare ved lidt endnu. Fyld dit store, smukke hjerte med kærlighed.

Uanset hvilken dag vi har haft, kan vi altid gå ind i hjertet og fylde det med den skønneste kærlighed.

Fyld dit hjerte med kærlighed, bare bliv ved.

Mærk, hvor dejligt det er. Mærk kærligheden sive fra dit hjerte og ud i din smukke krop.

Lige nu gør jeg det samme. Lige nu fylder jeg også mit eget hjerte med kærlighed, og om lidt skal vi prøve at sende kærligheden til hinanden.

Nu tager vi hver vores hånd og flytter den fra vores eget hjerte over på hinandens hjerte. Og så ligger vi og mærker, hvordan det føles.

♡♡♡

Hvad kan du mærke? Hvad sker der indeni dig, når du mærker på mit hjerte? Kan du allerede nu mærke al den kærlighed, jeg har til dig? Kan du mærke, hvor højt jeg elsker dig? Min kærlighed til dig er så stor. Fra den dag jeg så dig første gang, har jeg elsket dig i hele mit hjerte.

Nu starter jeg med at forestille mig, at jeg sender en masse kærlighed over i dit hjerte. Jeg sender kærlighed fra mit hjerte ud gennem min arm til min hånd og over til dit hjerte.

Mærk efter, om du kan mærke min store kærlighed til dig. Den bor i mit hjerte og flyder nu direkte fra mit hjerte til dit, fordi jeg elsker dig meget højt.

Nu sender jeg min kærlighed over til dig. Kan du mærke det? Kan du mærke min store kærlighed til dig?

Nu sender jeg den dejligste kærlighed fyldt med lys, varme og glæde til dig, så du kan mærke, hvor højt jeg elsker dig. Bliv liggende lidt endnu og mærk, hvor dejligt det er at være så elsket, som du er. Og jeg mærker, hvor utroligt dejligt det er at få lov til at elske lige netop dig.

Jeg mærker en stor taknemmelighed over, at lige netop du er mit barn.

♡♡♡

Nu skruer jeg lidt mere op for min kærlighed. Prøv, om du kan mærke, at jeg skruer op.

♡♡♡

Nu er det din tur til at prøve at sende kærlighed. Det er sådan med kærlighed, at vi kan fylde vores hjerter med kærlighed ved at få kærlighed, ved at elske os selv, og også ved at sende kærlighed til andre. Når vi elsker andre rigtig højt, bliver vores hjerter automatisk fyldt med mere kærlighed. Jo mere vi skruer op for kærligheden i vores hjerter, jo mere kan vi også elske andre.

Når du er klar, holder du dine øjne lukkede og retter dit fokus tilbage til dit smukke hjerte, som du lige har fyldt med kærlighed, og som lige har fået en masse kærlighed fra mig.

Find igen den lille knap i hjertet. Når du har fundet den, forestiller du dig, at du sender en bølge, en strøm, en vind af kærlighed ud gennem din arm og din hånd og lige ind i mit hjerte. Det kan mærkes som kærlighed, lys, varme og glæde. Måden, vi gør det på, er forskellig fra person til person, så prøv, om du kan finde din måde at gøre det på. Det er jeg sikker på, du kan, for jeg mærker ofte din store kærlighed.

Det føles dejligt, når du sender kærlighed til mig. Det er som om jeg kan mærke den helt særlige, magiske kærlighedskraft, du har indeni dig.

Prøv nu at se, om du kan skrue op og ned for strømmen, bølgen eller vinden. Så kan du selv bestemme, hvor meget du vil sende. Bliv ved lidt endnu, indtil du kan mærke, at jeg har fået en dejlig portion kærlighed fra dig. Og skru så langsomt ned for strømmen, bølgen eller vinden, og vend tilbage ind til dig selv. Tag kærlighedskraften hjem til dig selv.

Tusind tak for den dejlige kærlighed, du har sendt til mig. Du kan tro, det betyder alt i verden for mig at ligge helt tæt sammen med dig og mærke vores store kærlighed.

Inden vi slutter, skal vi lige sikre os, at dit eget hjerte stadig er helt fyldt op. Så du slutter nu af med at sende lidt mere kærlighed til dig selv. Find knappen, og fyld dig selv med kærlighed.

Når du nu har fyldt dit eget hjerte op igen, kan du ligge lidt og tænke på al den dejlige kærlighed, du lige har sendt til mig, og mærke ind den kærlighed, jeg har sendt til dig.

Prøv at sprede dine hænder ud til siden, så indersiden peger udad. Og forestil dig så, at du har to kraftfulde kærlighedskanaler i dine hænder. Som den vildeste eventyrfigur kan du sende din kærlighedskraft ud gennem hænderne. Du drømmer ikke om, hvor langt den når ud i verden. Din kærlighedskraft er enorm.

Prøv nu at sende kærlighed ud gennem dine hænder. Tænk på en derude, du gerne vil nå med din kærlighedskraft. Det kan være én, du holder af, eller én, du savner. Prøv at skrue op for din kærlighedskraft, og prøv at skrue ned for den.

Husk altid også at fylde dig selv med kærlighed. Nogle gange giver vi alt, hvad vi har til andre, og glemmer helt os selv. Vi skal altid huske at elske os selv inderligt. Og så kommer der helt automatisk også mere magisk kærlighedskraft i vores hjerter.

På denne måde kan vi altid sende kærlighed til hinanden. Vi behøver ikke engang at ligge sammen og holde hænderne på hinanden. For kærlighedskraften er fyldt med en energi, som kan række rundt om hele jorden. Så uanset hvor langt væk vi er fra hinanden, kan vi altid sende og modtage kærlighed til og fra hinanden.

Afslutning – vælg den, der passer

Dagtimer: Nu er du klar til at komme tilbage til værelset eller stuen. Når du er klar, åbner du dine smukke øjne, og du vågner stille op med hjertet fuldt af kærlighed.

Puttetid: Nu er du klar til at sove med dit dejlige hjerte fuldt af kærlighed. Sov godt.

Refleksioner efter meditationen "Fra mit hjerte sender jeg kærlighed"

Læg mærke til, hvordan du selv har det lige nu. Lyt til alle de tanker, der myldrer frem. Sover dit barn, kan du med fordel blive liggende lidt endnu. Måske har du nu fået lyst til at fylde dit eget hjerte med kærlighed. Måske har du lyst til at sende kærlighed til én, du holder af, eller én, du savner. Gå stille over engen og ind i dit bjerg, fyld nu dit hjerte op med kærlighed, og begynd at sende kærlighed til den, du har i tankerne.

Gentag meditationen om et par dage med dit barn, når du har ro. Når I er blevet fortrolige med øvelsen, kan I prøve at lave den uden at holde hånden på hinandens hjerter. Læg jer med mere og mere afstand til hinanden, og træn således i at sende kærligheden over længere og længere afstand.

Hvis min mand fx er ude at rejse, sender jeg sammen med mine børn kærlighed til ham. Når vi sender kærlighed til ham alle tre på samme tid og holder hinanden i hånden, kan kærligheden nemlig flyve helt ud til Asien, hvor han ofte er, og så mærker vi, at han stopper op og modtager vores kærlighed i sit hjerte. Det giver børnene en følelse af kontakt til deres far, selv om han er meget langt væk.

Prøv også at lægge hånden på dit barns hjerte i andre situationer, og lav et fælles signal, at du nu sender kærlighed. Det kan være, når dit barn skal sove, efter en konflikt, eller når I skal adskilles. I får hermed et lille kærlighedssignal at bruge til hinanden.

Herhjemme kan vi signalere, at vi sender kærlighed til hinanden, ved at vi lægger hånden på vores eget hjerte og vender den over mod den anden. Så hvis børnene fx siger farvel i børnehaven eller skolen bag en rude blandt andre børn eller pædagoger, eller en af os skal køre væk i en bil, eller vi er i andre situationer, hvor vi siger farvel blandt andre, har vi vores eget lille tegn, så vi kan fortælle hinanden, at vi tænker på hinanden og sender kærlighed.

Som forældre sender vi en masse kærlige tanker til vores børn i løbet af dagen. Mind dit barn om, at du sender kærlighed til ham eller hende, også selv om I ikke er sammen fysisk. Og mind dit barn om, at han eller hun altid kan sende kærlighed fra sit hjerte til dig eller én, han eller hun savner eller holder af. Dermed åbner I jeres kærlighedskanal, også når I ikke er sammen.

Aftal eventuelt et tidspunkt, hvor I sender kærlighed til hinanden. Hvis du ved, at dit barn i løbet af dagen skal noget, han eller hun er lidt ked af, kan du aftale, at du sender kærlighed og dermed hjælper dit barn, når det svære skal ske.

Hvis min ældste datter er ked af det i skolen, lægger hun sin hånd på sit hjerte og henter ind af den kærlighed, hun ved, jeg sender til hende, og så finder hun trøst.

Vi arbejder videre med at hente kærlighed i den tredje meditation i denne serie, "I min sky henter jeg kærlighed".

Varianter

Når I er blevet fortrolige med at sende kærlighed til hinanden, kan I begynde at sende kærlighed til andre også.

Søskende:

At sende kærlighed til hinanden er dejligt hjertevarmende for søskende. Læg dem overfor hinanden, og lav øvelsen sammen med dem. Lær dem, at de hører sammen og har en evig kærlighed til hinanden.

Fortæl dem, at søskendes kærlighed er så stærk, at de kan dele den resten af livet, uanset om de er sammen eller hver for sig. Lav øvelsen, både når børnene leger godt sammen, og når de har skændtes. Observer, hvad der sker imellem børnene efter meditationen.

Læg mærke til, om deres forhold til hinanden ændrer sig af, at de sender kærlighed til hinanden. Holder I ferie sammen, og laver I øvelsen dagligt, kan I skabe en helt særlig kemi mellem børnene på ferien.

Familie og venner:

Dit barn kan også dele sin kærlighed med familie og venner, som han eller hun ikke så tit er sammen med og måske savner. Det kan være særligt gavnligt, hvis forældrene er skilt, eller den ene part rejser meget. Det kan også være en bedsteforælder eller en god ven.

Bed dit barn tænke på den person, han eller hun savner og/eller holder rigtig meget af. Start med at bede dit barn få et billede frem af vedkommende. Og bed så på samme måde dit barn fylde sit hjerte og sende kærlighed i en strøm, vind eller bølge til den, han eller hun holder af.

Lad dit barn mærke, hvor dejligt han eller hun har det lige nu med den, han eller hun holder af, uanset om de er tæt på hinanden eller langt fra hinanden.

Fortæl eventuelt om denne øvelse til den, dit barn tænker på, og lad vedkommende gøre det samme. Det vil være dejligt for dit barn at kunne tale med fx mormor om at sende kærlighed til hinanden. Del eventuelt meditationen med vedkommende, og åbn op for yderligere kontakt.

I konflikt:
Vi kan også sende kærlighed til én, vi er i konflikt med, for at åbne op for forståelse, rummelighed og tilgivelse i vores hjerter. Det er ikke nemt, men har en stor effekt. Når vi sender kærlighed til én, vi er i konflikt med, ændrer vi automatisk vores syn på ham eller hende, og vi ser vedkommende i et varmere skær og kan derigennem måske se nye veje til forsoning. Børn har nemmere ved denne øvelse, da deres irritation ofte ikke stikker så dybt, som vi voksnes gør det. Det kan dermed være et gavnligt konfliktværktøj for børn. Prøv det endelig også selv. Det kan i sandhed bygge bro.

Når I er blevet fortrolige med denne meditation, kan I med fordel gå videre til meditationen "I min sky henter jeg kærlighed", som lærer dit barn at hente den kærlighed, du sender til ham eller hende over afstand, hver gang du tænker på dit barn i løbet af en dag.

Når vi savner,
kan vi få hjælp i vores
lille kærlighedssky.

Skal vi prøve at
finde den sammen?

I min sky henter jeg

kærlighed

Tredje børnemeditation
i serien I mit hjerte

Særligt til børnemeditationen "I min sky henter jeg kærlighed":

Tænk, hvis dit barn vidste, hvor ofte du tænker på ham eller hende i løbet af din dag. Med denne hjertemeditation får du mulighed for at italesætte, hvor ofte du tænker på dit barn, og hvor meget kærlighed du har i de tanker. En kærlighed, som dit barn kan hente i skyen og fylde i sit hjerte efter behov.

Denne meditation kan også bruges, hvis dit barn savner en, der har står barnet nær. Det kan være en ven eller en forælder, der er flyttet længere væk. Lær barnet at forbinde sig til dem, de savner, i hjerte-energien. Energi kan rejse hele jorden rundt, og sådan kan vi give og få en energikrammer til og fra en, vi savner.

Jeg er med årene blevet opmærksom på, at mange børn har mindst lige så meget brug for at give kærlighed som at få. Når vi mister nogen vi elsker, kan det være svært at forstå, hvad vi skal gøre af al den ophobede kærlighed. Da handler det om at åbne en kanal. Den lille kærlighedsky er en kanal, en bro og en trøst.

Vi har produceret en en lille krammesky, der kan sidde på tasken. Du finder link bagerst i bogen. Det er rart for barnet at have noget at røre ved og klemme om, mens vi sender og modtager kærlighed. Det gør det mere håndgribeligt.

Den lille kærlighedssky er også dejlig, hvis barnet har mistet, en der stod barnet nær. Så kan I sende skyen højt op og få et kram fra himlen. Ved I allerede, at den sidste tid er nær, kan det være rart at aftale, at I bliver ved med at sende kærlighed til hinanden igennem skyen.

Det er også rart, når man er voksen og savner. Lad kærligheden fylde mere end savnet. Savnet er der kun, fordi vi elsker. Dyrk den følelse af taknemmelighed, der følger med stor kærlighed, så letter trykket om hjertet.

I min sky henter jeg kærlighed

I dag skal vi lære en ny hjertemeditation at kende. Denne meditation er særlig for mig at dele med dig. Den viser, hvor meget jeg tænker på dig hver dag, både når vi er sammen og hver for sig. Hvis du vidste, hvor ofte jeg tænker, at du er skøn og dejlig, når vi er sammen, vil du blive glad i hjertet. Og når du ved, hvor ofte jeg tænker på dig, når vi ikke er sammen, vil du mærke, at jeg er tættere på dig, end du sommetider tror, jeg er.

I dag skal vi kigge nærmere på en lille sky på himlen, som altid svæver over dig. I skyen bor min kærlighed til dig, og lærer du skyen at kende, ved du, at jeg altid er hos dig, uanset hvor langt vi er fra hinanden. Skyen kender dit navn, for den er en rigtig god ven. Den har altid været din ven, og den har altid været der, og i dag skal du lære den rigtig godt at kende.

Så luk nu dine øjne, og træk vejret dybt ned i maven. Prøv, om du kan ligge helt stille. Træk vejret roligt. Se, om du kan trække vejret lidt dybere ned i maven, for hver gang du trækker vejret ind.

Mærk, at maven hæver sig og sænker sig. Hæver sig og sænker sig.

Prøv, om du kan ånde ind gennem næsen og ud gennem munden.

Nu ligger vi her lige så stille, og vi finder ind i roen og glæder os til at møde skyen.

Træk vejret dybt lidt endnu.

Forestil dig, at du står på den fine, grønne eng foran bjerget. Du kan se bjerget lige foran dig. Den store port står åben, og inde bag porten kan du skimte dit hjerte. Dit store, dejlige, smukke hjerte. Gå blot ind, og se, hvordan hjertet har det i dag, og fyld det med kærlighed. Det er altid dejligt at besøge hjertet og fylde det med kærlighed. Find knappen, og skru op for din magiske kærlighedskraft.

♡ ♡ ♡

Forestil dig nu, at du ser en flot, farvestrålende åre, der går fra dit hjerte ud gennem et lille hul i dit bjerg. Præcis som en blodåre, der løber rundt inde i din fine krop.

♡ ♡ ♡

Igennem det lille hul skimter du den lille sky. Du går ud af porten igen og kigger op på det lille hul i bjerget, hvor åren kommer ud. Åren er lige så flot udenfor som indenfor, faktisk endnu mere farvestrålende herude foran bjerget, hvor solen skinner så fint på den. Den bærer alle de farver, dit hjerte indeholder, og glimter i lyset. Så fin den er.

Nu følger du den med øjnene og ser, at den ender i den skønneste lille sky. Din sky. Din smukke, fine kærlighedssky.

"Hej ______________________," siger skyen til dig. Den har en kærlig stemme, for den er fyldt med kærlighed. "Jeg har glædet mig til, at du skulle få øje på mig. Hvis du savner eller føler dig ensom, kan du altid kalde på mig, så kommer jeg med knus og kram til dig."

I din sky bor al den kærlighed, jeg og alle dem, der elsker dig højt, sender til dig hver eneste dag. Din sky er fyldt af den reneste og fineste kærlighed. Mange gange i løbet af dagen, når jeg ikke kan være sammen med dig, tænker jeg på dig, og jeg savner dig og glæder mig til at se dig igen.

♡ ♡ ♡

Jeg tænker på, hvad du mon laver, og om du har det godt, og jeg sender dig en strøm af kærlighed. Forestil dig nu, at alle disse kærlige tanker flyder fra mit hjerte op i din sky, som er forbundet til dit hjerte.

Fra skyen kan du, så ofte du ønsker det, hente en varm strøm af kærlighed. Som den fineste, blideste strøm af dejlige tanker fyldt af kærlighed og taknemmelighed for, at jeg har fået lov til at blive forælder til dig. Lige netop dig. Det er jeg så glad for.

Kig nu op, og få øje på din lille sky, som svæver over dig, overalt hvor du går. Forestil dig nu, at du er i skole eller i børnehave og sidder på en stol, eller måske leger i gården eller på legepladsen. Forestil dig, at du kigger op fra din leg og ser din åre svæve i luften op mod din lille sky, som løber du rundt med en ballon i en snor.

Og gå nu ind i hjertet igen, og forestil dig, at du står inde i bjerget, tager fat i åren og kan trække skyen tættere på dig, så den kan komme helt ned og omfavne dig. For den sky er fyldt med kram og kærlighed til dig fra alle os, der elsker dig. Der er så meget kærlighed i den sky, og vi fylder den hele tiden op, så du kan aldrig tømme den.

Mærk engang de fine, varme kram og al den smukke kærlighed, din sky indeholder. Mærk, hvordan du bliver pakket ind i skyens varme kærlighed, og vid, at du har al den kærlighed med dig, overalt hvor du går, fordi jeg elsker dig så højt.

Prøv at hive skyen tættere på dig og slippe den igen. Tættere på og længere væk. Tættere på og længere væk. Det er dig, der bestemmer, hvor tæt på du har lyst til at have skyen, eller hvor tæt på du har brug for, at den er. Det kan sagtens ændre sig fra dag til dag. Nogle dage er det rart, at den hænger lige over skulderen, mens du andre dage sender den højt til himmels.

Forestil dig igen legepladsen eller gården, hvor du leger. Kan du se alle børnene, der løber rundt? Prøv engang at kigge op i himlen. Kan du se, at alle børnene bærer rundt på en særlig sky af kærlighed?

Alle børn har en kærlighedssky, men det er ikke alle forældre, der har fortalt deres børn om skyen endnu. Men uanset om de kender den eller ej, hænger den lige deroppe over deres hoveder. Ja, faktisk kan du prøve at kigge rundt på legepladsen eller i gården igen og få øje på nogle af pædagogerne eller lærerne og se, at selv om de er voksne, har de også en kærlighedssky over deres hoveder. Den er nemlig med os, overalt hvor vi går, uanset hvor gamle vi bliver. Lige nu er min sky også med mig, og den hænger oppe over mit hoved.

Prøv nu at komme tilbage til værelset eller stuen her og fornem, at din sky er her hos dig. Se op i himlen udenfor huset lige nu, og fornem, at skyen er deroppe, også selv om det måske er mørkt udenfor.

♡♡♡

Hør, den kalder på dig. "Hej ____________________ . Her er jeg. Hvor er jeg glad for, at du nu kender mig. Jeg har været heroppe hele tiden, men nu hvor du kender mig, kan jeg meget bedre hjælpe dig, når du er ked af det. Jeg vil rigtig gerne give dig alle din mors og fars kram og kærlige tanker. De ligger heroppe i mig og venter på dig. Så hiv du blot i åren, søde ____________________, så kommer jeg ned til dig og giver dig en krammer. En krammer, der er fuld af din mors og fars kærlighed, lys, varme, glæde og tryghed. Husk, jeg altid er med dig, uanset hvor du går hen."

"Kom, lad os sammen fylde dit hjerte med kærlighed. Du fylder bare på, når du er klar, så hjælper jeg med at sende din mors og fars kærlighed videre til dig. Er du klar? Nu begynder vi.

Fyld bare mere på. Der kan måske være lidt mere. Sådan – bliv ved lidt endnu."

Afslutning – vælg den, der passer

Dagtimer: Nu er du klar til at komme tilbage til værelset eller stuen. Lige så stille åbner du nu dine øjne, og du vågner stille op med hjertet fuldt af kærlighed.

Puttetid: Nu er du klar til at sove med dit dejlige hjerte fuldt af kærlighed. Sov godt, min lille skat.

Refleksioner efter meditationen "I min sky henter jeg kærlighed"

Er dit barn faldet i søvn, kan du med fordel blive liggende lidt endnu og reflektere lidt over dine egne reaktioner på meditationen. Måske har du lyst til selv at tænke lidt over din egen sky. Læg mærke til, hvordan du selv har det nu. Har du selv en fornemmelse af din egen kærlighedssky?

Hvem fylder kærlighed i din sky? Hvis dine forældre stadig er i live, tænker de også hver dag på dig og fylder stadig kærlighed i din sky. Hvis de ikke længere lever, kan du tænke på al den kærlighed, de allerede har fyldt i din sky. Alt efter din tro kan du måske tænke, at de fra der, hvor de er i dag, stadig fylder kærlighed i din sky.

Børn i sorg – et kram fra himlen

Tilsvarende kan den lille sky være et fint kærlighedssymbol for dit barn, hvis I skal tage afsked med én, I har kær. For skyer kan jo svæve helt op i himlen.

Når vi elsker af hele vores hjerte, skal miste og sige farvel, kommer de helt store ord ofte naturligt til os. Bare det at skrive de ord får min mave til at krølle sig sammen, og min hals snører til – for at sige farvel til dem, vi elsker allermest, er ubærligt. Sådan er det også for børn, der skal miste.

Hvis dit barn skal sige farvel til én, der er helt tæt på, kan de to aftale, at dit barn kan sende sin kærlighedssky op i himlen og stadig lade den, der om lidt (eller allerede) hører til i himlen, fylde skyen med kærlighed. En kærlighed, dit barn kan hente, når han eller hun savner, ved at trække skyen helt tæt på – og få og give et kram til og fra himlen.

Du har også en sky

Prøv også at tænke tilbage på din egen barndom. Havde du en fornemmelse af at have en sky? Brugte dine forældre lignende symboler? Hvordan var din fornemmelse af at være forbundet med dine forældre, da du var barn? Hvordan er din fornemmelse af at være forbundet med dem i dag?

Din partner eller en god ven kan naturligvis også fylde din sky op med kærlighed. Hvordan er din fornemmelse af at være forbundet med din partner eller en god ven i dag?

Og husk på, at dine børn også sender en masse kærlighed til dig i løbet af dagen, som også ender i din sky. Måske mere kærlighed, end du forestiller dig. I den næste tid kan du prøve at italesætte den lille sky. Du kan prøve at spørge dit barn om skyen, minde hende eller ham om skyen og sætte ord på de tanker, du sender til dit barn. Giv gerne eksempler på dine tanker løbende, så tankerne bliver mere konkrete for dit barn.

Fyld den fra Paris

Hjemme hos os taler vi tit om skyerne. Min ældste datter (på dengang 7 år) spurgte en dag: "Når jeg har taget al den kærlighed fra min sky, som jeg skal bruge, må jeg så godt give det, der er tilbage, til andre børn i klassen, der også har brug for kærlighed?" Det må hun selvfølgelig gerne, og vi fik også en fin lille snak om, at alle børn har en sky, at langt de fleste forældre elsker deres børn højt og sender masser af kærlighed til deres børn i løbet af arbejdsdagen, men at nogle forældre bare ikke har fortalt om skyen endnu.

Et par uger efter skulle jeg rejse til Paris på weekendtur med min far og min søster. Min yngste datter (på dengang 5 år) var ked af det, da jeg afleverede hende i børnehaven. Jeg spurgte hende, om hun kunne se sin sky, og hvor den var. Hun pegede på sin skulder og sagde: "Den er lige her mor, for jeg har brug for at have den helt tæt på i dag. For jeg savner dig allerede."

Om aftenen, da jeg puttede hende og sagde farvel, var hun i godt humør, og jeg spurgte, hvor skyen nu var. "Helt oppe ved stjernerne, mor. For så kan du bedre finde den, når du er i Paris. Og så kan du fylde den med kærlighed, selv om du er langt væk." Hun havde altså en fornemmelse af, at hun kunne hive i "åren" og trække skyen til sig, når hun savnede mig.

Kærligheden er præcis den samme – det dejlige ved meditationerne er, at børnene får et kærlighedssprog, og vi kan tale om den kærlighed, der allerede er og gror mellem os.

Nu mange år efter har jeg hørt fra mange forældre, hvor værdifuld den lille sky er blevet i deres børns liv.

Vi kan sende
vores kærlighed
ud i universet
og møde verden med
et åbent hjerte.

Med universet deler jeg

kærlighed

Fjerde børnemeditation
i serien I mit hjerte

Særligt til børnemeditationen "Med universet deler jeg kærlighed"

I denne fjerde børnemeditation lærer dit barn at dele sin kærlighed med universet og med børn, der ikke oplever den samme form for kærlighed, som I er så heldige at have i jeres familie.

Meditationen har tre overordnede formål. Det første er at træne dit barns evne til at føle empati og taknemmelighed. Det andet er at skabe en følelse af at kunne gøre en forskel i verden ved at åbne sit hjerte. Det tredje formål er at skabe en følelse af forbundethed til universet hos dit barn.

Når vi begynder at arbejde med følelsen af, at vi hører sammen i universet, og fornemmer, at vi kan påvirke hinandens liv gennem kærlighed, skaber vi en dejlig følelse af samhørighed og sammenhold, som er langt rarere end den individualistiske og lidt hårde, præstationsfokuserede tilgang, mange i vores generation er vokset op med.

Hver familie har sine tanker for, hvad deres børn skal vide om, hvad der foregår ude i verden. I denne meditation fortæller jeg om ensomme børn, og jeg berører krig og sult. Du kan selv putte flere detaljer på alt efter dit barns alder og din egen indstilling til, hvad du synes, dit barn skal vide om verdens børn.

Jeg ønsker jer rigtig god fornøjelse med at sende kærlighed ud i universet.

Med universet deler jeg kærlighed

I dag skal vi sende vores kærlighed helt op til stjernerne. Ja, tænk sig, at din kærlighed kan svæve helt op til stjernerne. Måske har du også kigget op på stjernerne og tænkt: "Hvor er der mange stjerner, og hvor er de smukke." I dag leger vi med stjernernes kærlighedsmagi, og du vil finde ud af, at din egen kærlighed også er magisk.

Når du kigger op på stjernehimlen, er den så langt væk, at andre børn rundt i verden kan se det samme stjernebillede som dig. Børn i hele verden kigger op på stjerner. I hele verden elsker børn og voksne stjernerne, og mange tror inderst inde, at stjerner er magiske. Når vi ser et stjerneskud, kan vi få et ønske opfyldt.

På engelsk findes der et lille, fint digt, der lyder sådan her:

Star light, star bright,
The first star I see tonight
I wish I may, I wish I might
Have the wish I wish tonight.

Frit oversat til dansk betyder det:

Stjernelys, stjerneklar
Den første stjerne himlen har
Jeg ønsker, jeg kan, jeg ønsker, jeg må
Mit ønske i aften opfyldt få.

Stjerner har mange betydninger for os, og vi lægger mange følelser i stjernernes favn. Når nogen dør fra os, siger vi for eksempel, at de bliver til stjerner på himlen. Og nogle kloge videnskabsmænd mener endda, at vi er lavet af intet mindre end stjernestøv, at vi har det fineste stjernestøv i kroppen. På den måde kan vi sige, at vi selv er stjerner, der kan lyse i natten. Lyset i os tændes, når vi lytter til vores hjerte og har tillid til, at hjertets stemme er sand. Således er også du en lysende stjerne. Og du skal vide, at du altid kan gå ind i dit hjerte og tænde dit lys med din store kærlighed.

Start nu med at lukke dine dejlige øjne, og læg dig godt til rette.

Luk nu blot dine smukke øjne, og mærk, at roen sænker sig i din dejlige krop.

Mærk, at dine stærke muskler begynder at slappe af. Læg mærke til lydene omkring dig, og lad blot lydene svæve videre, mens du koncentrerer dig om din vejrtrækning.

Træk vejret dybt ned i maven. Og bliv ved med at trække mere og mere luft ind. Træk vejret ind gennem næsen, og pust ud gennem munden. For hver vejrtrækning kan du se, om du kan trække vejret endnu længere ned i maven.

Bliv ved lidt endnu. Læg hånden nederst på din mave, og mærk, at den bevæger sig op og ned, når luften kommer ind i og ud af din mave.

♡ ♡ ♡

Gå nu ind i dit hjerte. Se, og mærk, hvordan dit hjerte har det i dag. Hvordan har dagen været for dit dejlige hjerte?

♡ ♡ ♡

Har dit hjerte haft en god dag eller en skidt dag? En sjov dag? Eller en vild dag? En rolig dag eller en travl dag? Måske kan du se nogle farver i dit hjerte.

♡ ♡ ♡

Måske kan du se, om dit hjerte er stort eller lille i dag. Uanset hvilken dag dit hjerte har haft, kan du altid fylde det med kærlighed, inden du skal sove, og dermed gå ind i drømmeland med dit dejlige hjerte fuldt af kærlighed.

Dit hjerte elsker, når du kommer på besøg. Når du for en stund slipper tankerne i dit hoved og bevæger dig ned i kroppen for at se til dit hjerte. "Hej ______________________," siger dit hjerte. "Dejligt at se dig. Jeg elsker, når du kigger forbi og får øje på, at jeg er lige her."

Fyld bare mere kærlighed i dit hjerte og mærk, hvor dejligt det mærkes i kroppen, når din magiske kærlighedskraft siver ud i kroppen. Mærk, hvor dejligt der er i dit store, skønne hjerte. Mærk, hvor dejligt det er at være på besøg i hjertet og for en stund slukke for alle tankerne. Tanker er gode, men de kan larme så utroligt meget i hovedet. Så bare nyd, at du for en stund kan slukke for dem og være i dit store, smukke hjerte.

Få nu øje på alle de kærlige elementer, vi kender så godt fra hjertemeditationerne. Forestil dig, at du står foran dit smukke bjerg og kigger på det. Få øje på den store port, der fører ind til dit smukke hjerte. Se, at vores dejlige hjerter sender kærlighed til hinanden. Find din lille, fine sky af kærlighed, der hænger over bjerget og er forbundet med den lille åre ind i bjerget med dit hjerte.

Alle disse elementer er fyldt med kærlighed og er en del af vores familie. De beskriver på mange måder den store kærlighed, der er imellem os. En kærlighed, jeg er meget taknemmelig for at dele med dig. Jeg elsker dig utroligt højt og er så enormt glad for, at lige netop du blev til mit barn. At lige netop vi skulle være i familie sammen.

Desværre er denne form for kærlighed, som vi deler, ikke alle børn forundt. Heldigvis er der rigtig mange familier med masser af kærlighed. Men ikke alle børn vokser op med en mor og en far. Ikke alle børn vokser op i kærlighed. Nogle børn har ikke engang et hjem, andre børn sover på gaden, og desværre føler alt for mange børn sig helt alene i verden. Nogle børns forældre er døde, andres er syge, og andres igen er tvunget væk fra børnene for eksempel på grund af krig eller sult. Sådan er det ikke i vores familie, og den tryghed, der er i vores kærlighed, har vi al mulig grund til at være utroligt taknemmelige for.

Og nu kommer jeg til det magiske. For med lidt hjælp fra stjernerne kan vi faktisk dele vores kærlighed med de børn, der savner kærlighed i livet. Vi kan dele ud af vores store kærlighed, og vi kan føle os forbundet med børn i hele verden. Nu skal jeg fortælle dig hvordan.

Vi har lige fyldt dit hjerte med kærlighed. Det er vigtigt, for når vi elsker os selv og fylder os selv med kærlighed, har vi også nemmere ved at være noget for andre. Ligesom når vi sender kærlighed til hinanden, kan du nu sende kærlighed ud i universet med din magiske kærlighedskraft.

Så forestil dig nu, at du sender kærligheden ud gennem dine hænders magiske kærlighedskanaler og op gennem taget. Du kan også lade den flyve ud ad vinduet eller sive op gennem skorstenen. Find den måde, der passer til dig. Se nu din kærlighed lette fra huset som i en strøm eller bølge, og følg den hele vejen op til stjernerne. Svæv på ryggen af din kærlighed helt op til stjernerne. Måske er der lidt vej derop, måske er du der allerede.

Når du kommer helt derop, forestiller du dig, at din kærlighed er det fineste, smukkeste tryllestøv. Måske er det gyldent, måske har det farver. Det ved kun du. Forestil dig nu, at du svæver med din kærlighed rundt fra stjerne til stjerne og stille drysser din kærlighed ud over stjernerne. Og se, nu lander det så fint lige ovenpå stjernerne. Måske har du kærlighed til mange stjerner, måske har du lyst til at drysse al din kærlighed ud over nogle få eller måske blot én enkelt stjerne. Bliv ved lidt endnu. Og se, det ligger der og skinner som det fineste, klareste stjerneskær. Nu ligger ______________________ s kærlighed så fint og smukt på stjernerne.

♡♡♡

Bliv du bare ved lidt endnu, og nyd at se din kærlighed funkle på stjernerne i natten.

♡♡♡

Forestil dig nu et ensomt barn et eller andet sted på jorden. Et barn, der lige nu kigger op på stjernerne og beder om mere kærlighed i livet. Se for dig, hvordan det barn ser ud, og mærk efter, hvordan du tror, det barn har det. Ingen børn kan lide at føle sig ensomme. Alle børn ønsker at elske og blive elsket.

Og se nu, hvad der sker! Nu drysser dit kærlighedsstøv ned over det barn, og det fylder barnets hjerte med kærlighed. Lige nu mærker det barn din kærlighed. Lige nu fylder du universet med kærlighed. Og lige nu véd det barn, at et eller andet sted på jorden findes en ven, som er klar til at dele ud af sin kærlighed.

Den ven er dig, og lige nu spreder din kærlighed sig i et ensomt barns hjerte. Mærk efter, hvordan det føles. Mærk efter, hvor rart det er at sprede kærlighed til dem, der har allermest brug for kærlighed.

Mærk, at det at sprede kærlighed også er utroligt dejligt for dig. Sådan kan vi sammen sprede vores kærlighed til alle de ensomme børn og voksne, der lever sammen med os her på jorden og kigger op på de samme stjerner i natten. Stjerner, der forbinder os og giver os mod til at turde tro og håbe.

Afslutning – vælg den, der passer

Dagtimer: Nu er du klar til at komme tilbage til værelset eller stuen. Lige så stille åbner du nu dine øjne, og du vågner stille op med hjertet fuldt af kærlighed og med vished om, at din kærlighed spreder sig i universet.

Puttetid: Nu er du klar til at sove med dit dejlige hjerte fuldt af kærlighed og med vished om, at din kærlighed spreder sig i universet. Sov godt, min lille skat.

Refleksioner efter meditationen "Med universet deler jeg kærlighed"

Læg mærke til, hvad denne meditation gør ved dig og dit hjerte. Hvad betyder det for dig at se dit barn sprede sin kærlighed i universet? Hvilke tanker giver det dig om din egen kærlighed? Om din egen forbundethed til universet og jordens børn?

Har du tid og lyst, kan du blive liggende lidt endnu og lave samme øvelse selv. Flyv du selv en tur op til stjernerne, og spred din kærlighed i det fineste tryllestøv ud over stjernerne. Få øje på, hvem der lige nu beder om din kærlighed, og hvordan det føles at vide, at din kærlighed kan deles via stjernerne med mennesker i måske endda fjerne egne.

Måske kan du gennem meditationen få øje på, at følelsen af øget forbundethed også er dejlig for dig. Når vi lever i så individuel en kultur, som mange i Vesten gør, kan følelsen af forbundethed være utroligt rar.

Måske får du i tiden efter meditationen lyst til at sende kærlighed til fremmede på din vej. Det kan være den hjemløse, den fortravlede, den vildfarne, den syge, den døende – eller en, du kender. Din kærlighed kan spredes gennem et kærligt blik, en håndsrækning, et skulderklap. Din kærlighed kan nå utroligt langt ud, blot ved at du bliver endnu mere opmærksom på den. Og også bliver opmærksom på, hvilke begrænsninger din kærlighed har, og hvor de begrænsende overbevisninger kommer fra.

Meditationer til universet er utroligt kraftfulde og har god effekt på vores hormonproduktion. Læg mærke til, hvad der sker i din krop. Læg mærke til, hvad der sker i dit hjerte. Læg mærke til, hvordan du har det lige nu.

Samtale om meditation

Vi kan lære meget om kærlighed, hvis vi lytter til vores børns oplevelser af meditation. Her er nogle spørgsmål, der kan hjælpe jer i gang. Find gerne selv på flere.

Hvilken meditation er din favorit?

- ☐ ***1. Jeg fylder mit hjerte med kærlighed (grøn)***
- ☐ ***2. Fra mit hjerte sender jeg kærlighed (gul)***
- ☐ ***3. I min sky henter jeg kærlighed (orange)***
- ☐ ***4. Med universet deler jeg kærlighed (lilla)***

Hvorfor kan du bedst lide den?

___

___

___

Hvordan føles den meditation indeni dig?

___

___

___

Kunne du se den som en lille film? Hvis ja - hvad så du?

Porten til drømmeland gemmer sig i vores hjerter. Mange børn sover bedre med meditation. Har meditationerne også fået dig til at sove nemmere, bedre eller hurtigere?

Hvordan havde du det, da du vågnede næste dag?

Kan du huske, hvad du drømte efter meditationen?

Tip til at huske dine drømme: Sig højt inden du sover, at du gerne vil huske dine drømme. Spørg som det første, når du vågner igen; hvad du har drømt? (Vi kan lære meget af vores drømme).

Hvis du kunne se billeder, kan du tegne et af dem her:

Hvis du kan huske, hvad du drømte, kan du tegne det her …

Tegn dit hjerte eller dit kærlighedsbjerg her med alle de farver og detaljer, du har set eller mærket:

Om forfatteren

Børnemeditationerne I mit hjerte er skrevet af Gitte Winter Graugaard (f. 1977), som har et brændende ønske om at hjælpe familier til mere balance, så vi kan nyde den vidunderlige tid, vi har med vores børn, inden de flyver fra reden.

At lave hjertemeditation i et bjerg er en gammel tradition på tværs af mange kulturer, som Gitte her fortæller videre i børnehøjde og udvider med flere symboler for kærlighed. Den vigtigste viden omkring den smukke kunst, at lytte til sit hjerte, kommer dog af Gittes eget liv, som har været – og er fyldt med kærlighed og hjertevalg.

I kender nu alle fire meditationer i serien I mit hjerte og kan frit mikse dem, som I har lyst til, og bruge dem på den måde, der passer ind i jeres families hverdag. På de forrige sider kan du skrive små notater om dine egne og dit barns kommentarer til oplevelser med hjertemeditation.

Gitte anbefaler også, at du opfordrer dit barn til at tegne sin version af bjerget, hjertet, skyen eller nogle af de andre symboler. De fine tegninger giver ofte en god anledning til en god snak.

Lad os sammen fylde hjem verden over med det smukkeste hjerterum skabt af kærlighed til og fra vores børn. Bliver livet mon større end det?

Gitte har startet sin Mission One Breath – One Heart – One million Kids. Gennem bøger med hjertemeditation, som forældre læser højt ved sengetid, ønsker Gitte at hjælpe børn til bedre trivsel.

Som ekspert i fredelige putterutiner er hun i dag også en bestseller og prisvindende forfatter og TEDx taler.

Gittes børnebøger hjælper tusindvis af børn med at sove i mere end 20 lande. Hun minder os om, at vi altid først skal være forældre for os selv, før vi kan være forældre for vores børn ved at blive opmærksomme på, hvad vi udstråler.

Du kan finde mere inspiration til det bevidste forældreskab og bedre søvn på Gittes blog: www.gittewintergraugaard.dk

For at booke Gitte som taler eller workshops gå til: www.gittewintergraugaard.com

Gitte taler på TEDx Peterborough UK, april 2019

Vil du ha' mere?

DEN LILLE KÆRLIGHEDSSKY - NØGLERING

Til børn der savner. Hæng den på tasken og mind dit barn om den lille sky. Husk på, at kærlighed er en energi, som kan rejse mellem mennesker. Selvom vi ikke kan være sammen, hører vi sammen i vores hjerter.

www.imithjerte.dk

HJERTELYS

lær dit barn at skrue op for livet

Denne lille bog er en oplagt efterfølger til "I mit hjerte", som den femte meditation. Her lærer dit barn at skrue op for sit indre lys i kærlighedsbjerget og føre det rundt i hele kroppen. Denne meditation er også en del af bogen "Monstermanualen til børn med mange bekymringer". Kom med og gør dit barn til en lysbærer.

www.hjertelys.nu

TAG MED TIL HJERTERNES DAL

Efterhånden som flere børn lærte deres kærlighedsbjerg at kende og sendte tegninger til mig, tænkte jeg over, at vi nu havde en hel bjergkæde. I dalen under disse bjerge må livet være ganske særligt. Kom med til Hjerternes Dal og lær de fire elementer at kende gennem seks fine børnemeditationer, som lærer dit barn at rense sit sind ved sengetid ved at spejle sig i naturen. Ørnefjer venter på jer med magiske meditationer, der gør det nemmere at falde i søvn.

www.hjerternesdal.dk

Gitte har en mission
at lære 1 MILLION børn at meditere.
Du kan hjælpe hende ved at dele
denne bog og dine oplevelser med
andre. Spørge efter hendes bøger
på dit lokale bibliotek, eller hos din
foretrukne boghandel og brug den
som gave til dem, du elsker.
Støt hendes mission.

Bogen er udgivet på flere sprog.

TAK
til dig, fordi
du lærer dit barn
at fylde sit hjerte
med kærlighed.
Det er så vigtigt.

www.ingramcontent.com/pod-product-compliance
Ingram Content Group UK Ltd.
Pitfield, Milton Keynes, MK11 3LW, UK
UKHW061953290726
14090UKWH00021B/1204